John Constanza

Inglés en 10 días

Curso fácil con un nuevo método

AF216384

© 2019 John Constanza
Editorial:
BoD - Books on Demand, Norderstedt
ISBN 9783749465422
Portada: Big Ben en Londres
Foto: John Constanza

Índice

Primero día

Transcripsión fonética (TF) y pronunciación

Hay una buena manera de aprender la pronunciación: Si 'Google' traduce un texto en español en un texto inglés, se puede escuchar el texto inglés. ll signo ' indica la sílaba acentuada.

Vocales

TF	como	inglés	TF	español
a (breve)	barco	but	bat	pero
aa (larga)	más larga que madre	park	p**aa**k	parque
ae	perro	man	m**ae**n	hombre
e (cerrada)	debido	after	'**aa**fter	tras
e (abierta)	llover	let	l**e**t	dejar
i (breve)	más breve que en si	kiss	k**i**s	beso
ii (larga)		meet	m**ii**t	encontrar
o (breve)	torre	hot	h**o**t	caliente
oo (larga)		course	k**oo**s	curso
oe (abierta)	neuf (francés)	learn	l**oe**n	aprender

u	más cerrado	book	**b**uk	libro
(breve)	que burro			
uu	uno	room	**ruu**m	habitación
(larga)				

Diptongos

ai	baile	time	**t**aim	tiempo
au	pausa	now	**n**au	ahora
ei	e cerrada	day	**d**ei	día
	seguida por un i débil			
*e*e		there	th*ee*	allá
ie		here	**h**ie	aquí
oi	voy	boy	**b**oi	chico
ou	show(inglés)	home	**h**oum	casa
ue		tour	**t**uer	vuelta

Consonantes

Un sonido sonoro está subrayado.

b	embargo	big	**b**ig	grande
d	aldea	day	**d**ei	día
g	gracias	go	**g**ou	ir
h	jota hispano-	home	**h**oum	casa
	americana			
j	ya	yes	**j**es	sí
k	kilo	come	**k**am	venir
ng	vinculo	sing	si**ng**	cantar
s	casa	see	**s**ii	ver
(sorda)				
s	desde	rose	rou*s*	rosa
(sonora)				
sch	fish (inglés)	shop	**sch**op	tienda
(sorda)				

tsch	chocolate	much matsch	mucho
sch	génie (francés)		
dsch	job (inglés)	bridge bridsch	puente
th	zapata	thick thik	gordo
th	juzgado	with with	con
v	uva	very 'veri	mucho
w	como v en uva	with with	con

f, l, m, n, p, t, iquales que en español.

La pronunciación del alfabeto

A **ei**, B **bii**, C **sii**, D **dii**, E **ii**, F **ef**, G **dschii**,
H **eitsch**, I **ai**, J **dschei**, K **kei**, L **el**, M **em**,
N **en**, O **ou**, P **pii**, Q **kjuu**, R **aar**, S **es**, T **tii**,
U **juu**, V **vii**, W **'dabljuu**, X **eks**, Y **wai**, Z **sed**

Abreviaturas

E	ejemplo
R	regla
Sg	singular
Pl	plural
V	parte voluntaria

Por favor aprender las palabras con subrayado en el vocabulario de abrigo a bebida.
En cada capitulo, primero lea la sección de gramática y luego el cuento.

Por favor leer el siguiente texto en voz alta. Es de gran importancia: leer, hablar y escuchar el texto al mismo tiempo.

El control aduanero / The customs check

Lugar: Aeropuerto en Londres
una turista T, funcionario de aduanas F

F Buenos días. Good afternoon (gud 'aafte-
nuun). Su pasaporte, por favor. Your passport
please (jur 'paaspoot pliis). El pasaporte está
caducado. The passport has expired (haes
ik'spaied).

T He aquí mi tarjeta de identidad. This is my
identity card (mai ai'dentiti kaad). He viaja-
do por España durante mucho tiempo. I have
been travelling for a long time in Spain (ai
haev biin traevling foor e long taim in spein).
¿Hay algo de nuevo en Gran Bretaña? Is
there anything new in Great Britain (is theer
'enithing njuu in greit'briten)?

F No sé nada de nuevo. I do not know anything
new (ai duu not nou 'enithing njuu). ¿Tiene
algo que declarar? Do you have anything to
declare (duu juu haev 'enithing tuu di'kleer)?

T No tengo nada que declarar. I do not have
anything to declare.

F Abrir esta maleta. Open this case (oupen
this keis). Ahora sé algo de nuevo para usted.
Now I know something new for you (nau ai
nou 'samthing njuu foor juu). Ha de pagar
aduana sobre esto. You have to pay duty on
this (juu haev tuu pei 'djuuti on this).

T Pero esto es un regalo. But (bat) this is a gift.

F ¿Para quien? For whom (foor huum)?

T Para usted. For you.

F Muchas gracias. Thank you very much.

8

Segundo día

¿Dónde está la estación / Where is the station?

Lugar: Londres
un turista T, una señora S

T Perdone, señora. Excuse me madam (ik's-kjuus mii 'maedem). ¿Me podría dar alguna información'? Could you give me some information (kud juu giv mii sam infe'meischen)? ¿Dónde está la estación Victoria? Where is Victoria Station?

S En el centro. In the city center ('siti 'senter).

T ¿Se puede ir a pie? Can I go on foot (kaen ai gou on fut)?

S No es posible ir a pie porque la estación está a una distancia de diez kilómetros. It is not possible because the station is ten kilometres from here (ten ki'lomiters from hier).

T ¿Cómo se va a la estación de tren? How do I get to the station (hau duu ai get tuu the 'steischen)?

S ¿Quieres viajar en autobús o en metro'? Would you like to go by bus or by underground (wud ju laik tuu gou bai bas oor bai 'andegraund)? Ambos conducen a la estación. Both of them go to the station (bouth of them gou tuu the 'steischen).

T No me importa. It's all the same (seim) to me. Dónde hay una parada de autobús o una estación de metro? Where is *a* **bus** **stop or** *an* **underground** station (w*ee*r is a bas   stop or an 'andegraund 'steischen)?

S Allá hay una parada de autobús. There is a bus stop.

T ¿Qué autobús va a la estación?   Which (witsch) bus goes (gous) to the station?

S Tiene que coger el autobús número seis. You have to take the bus number six ('namber).

T ¿Cuántas paradas quedan para la estación? How many (m*e*ni) stops are (aar) there until (en'til) the station?

S Lo siento, no lo sé. Sorry, I do not know.

T No importa. It does (das) not matter ('maeter). Muchas gracias. Thank you very much (thaengk juu 'v*e*ri matsch).

Pregunta 1 (P1): ¿Qué regla de la gramática se puede derivar de las siguientes parolas: **a bus stop or an underground station? Respuesta R1**: capitulo 2 (**C2**)

El artículo definido

E El niño y las niñas van al profesor de inglés. **The** boy and **the** girls go to **the** English teacher.

TF: The boi aend the goels gou tuu **thi** inglisch 'tiitscher.

R El artículo definido es siempre el mismo sin importar el género y el número del sustantivo asociado.

La palabra 'the' se pronuncia '**thi**' antes de las palabras que comienzan con una vocal.

V ¿Con o sin artículo?

E   La mayoría de los pianistas tuvieron éxito,
     pero Mary fue la más exitosa.
     Most (1) of the pianists were successful, but
     Mary was the most successful (2).
R   Most: sin artículo (1). Excepsión: En el
     superlativo con el artículo (2).
E   Mary toca el piano porque le encanta la
     música, especialmente la musica de Brahms.
     Mary plays the piano (1) because she likes
     music (2) above all the music of Brahms (3).
R   Si alguien toca un instrumento: instrumento
     con artículo (1).
     Términos abstractos: sin artículo (2).
     Para una explicación más detallada del
     término abstracto: término con artículo (3).
E   El lunes, Mary va en autobús a Regent's
     Park, Regent Street, Piccadilly Circus y
     Royal Albert Hall.
     On Monday (1) Mary goes by bus (2) to
     Regent's Park (3), Regent Street (4),
      Piccadilly Circus (5) and Royal Albert Hall
     (6).
R   Sin artículo: días de la semana y meses,
      mediante transporte (2), nombres de
     parques (3), calles (4), plazas (5) (**R 11**) y
     edificios (6).
E   Despuès del concierto, Mary invita a
     algunos amigos al 'Ritz' para la cena.
     After the concert Mary invites some friends
     to the Ritz (1) for dinner (2).
R   Nombre del hotel: con artículo (1).
     Comidas: sin articulo (2).

E   El proximo concierto es en Europa. En el vuelo a Suiza, Mary ve el Támesis, el océano Atlántico, el lago de Ginebra y el Mont Blanc.
The next concert is in Europe (1). On the flight to Switzerland (2) Mary sees the Thames (3), the Atlantic Ocean (4), Lake Geneva (5) and Mont Blanc (6).

R   Sin artículo: continentes (1), países (2). Con artículo: ríos (3), océanos(4). Sin artículo: Lagos (5), montañas (6).

E   En el avión Mary necesita la mitad del tiempo, pero paga el doble del precio. By air Mary needs half the time but pays double the price.

R   El artículo está detrás: half y double.

El artículo indefinido

E   Un pianista europeo y un violinista estadounidense dieron un concierto de una hora. **A c**oncert (1) was given by **a Eu**ropean (2) pianist and **an A**merican (3) violinist for **an h**our (4).

R   El artículo indefinido ‚a' está precedido por palabras que comienzan con una consonante (1) o **eu** (TF j) (2) ; a se convierte en ‚an' antes de una vocal (3) y un mute h (4). (**R 1)**

E   Mary es pianista, inglesa y anglicana. Mary is a pianist, an Englishwoman and an Anglican.

R   El artículo indefinido se usa cuando se asigna a un grupo (por ejemplo profesión, nacionalidad, religión).

Números cardinales / Cardinal numbers

0 zero ('sierou)
1 one (wan)
2 two (tuu)
3 three (thrii)
4 four (foor)
5 five (faif)
6 six (siks)
7 seven ('sevn)
8 eight (eit)
9 nine (nain)

10 ten (ten)

11 eleven (i'levn)
12 twelve (twelf)
13 thirteen ('thoe'tiin)
14 fourteen ('foor'tiin)

15 fifteen ('fif'tiin)

16 sixteen ('siks'tiin)
17 seventeen ('sevn'tiin)

18 eighteen ('ei'tiin)

19 nineteen ('nain'tiin)

20 twenty ('twenti)

30 thirty ('thoeti)
40 forty ('footi)
50 fifty ('fifti)
60 sixty
70 seventy
80 eighty
90 ninety
100 a/one hundred
    e/wan 'handrid
101 a hundred and
    one
    e 'handrid aend
    wan
200 two hundred (1)
    tuu 'handrid
1000 a/one thousand
    e/wan
    'thausend
2000 two thousand
(1)
    tuu 'thausend
1000000 a/one
million
 e/wan
'miljen
2000000 two million
(1)
 tuu 'miljen

(1) Después de un número no -s se anexa.

V <u>Números ordinales / Ordinal numbers</u>

primero	first (foest)
segundo	second ('sekend)
tercero	third (thoed)

<u>A partir de 'el cuarto', los números ordinales se forman de la siguiente manera:</u>
<u>Números basicos + -**th**,</u>

four / cuatro	four**th** / el cuarto
ten / diez	ten**th** / el décimo
hundred / ciento	hundred**th** / el centésimo
thousand / mil	thousand**th** / el milésimo

<u>Para los números de diez, reemplaza el final ,y' del número básico por -**ieth**:</u>

fort**y** / cuarenta	fort**ieth** / el cuadragésimo

V <u>Las fracciones</u>

<u>Para las fracciones se usa los números ordinales</u>
Excepción **1 / 2 one half** (wan haaf)
1 / 3 one third, 1 / 4 one fourth, 1 / 5 one fifth

V <u>Qué hora es</u>

¿Qué hora es?	What time is it (wot taim is it)?
	It is
1.00	one o'clock ('wan e'klok)
1.05	five past one (faif paast wan)

14

1.15	quarter past one ('kwoote)
1.30	half past one (haaf)
1.45	quarter to two (tuu tuu)
2.00	two o'clock (tuu e'klok)

Para la specificación del tiempo se usa la preposición 'at' a las 11 en punto / **at** eleven o'clock. (**R10**)

Verbos regulares y irregulares

Hay tres formas de verbos en inglés:
Primera forma: **Forma básica**, por ejemplo: call (kool) / llamar

Segunda forma: pasado, por ejemplo: I <u>called</u> (koold) / llamaba

Tercera forma: participio pasado, por ejemplo: I have <u>called</u> (koold) / He llamado.

<u>En el caso de los verbos regulares, las formas segunda y tercera se pueden derivar de la primera forma, con la siguiente regla</u>:

1. forma + -**ed** > 2. y 3. forma, por ejemplo:
call + -**ed** > call**ed:** segunda forma   y tercera forma .

Si esta regla no se puede usar, los verbos se llaman ' **verbos irregulares**'.

V Verbos con una palabra para las tres formas

Para ‚cost' se usa la misma palabra para la primera, segunda y tercera forma.
Forma básica (costar): **cost**
pasado (costaba): **cost**
participio pasado (costado): **cost**

E   **Let**'s **cut** and **hit** without **hurting** ourselves and after that **put** down the hammer and the knife and **shut** the door.

R   Más verbos con una palabra para las tres formas:
let (let) dejar, cut (kat) cortar, hit golpear, hurt (hoet) lesionar, put poner, shut (schat) cerrar.
Además: bet (bet) apostar, set (set) poner, spread (spred) divulgar.

Por favor, aprender las palabras con subray-ado en el vocabulario de <u>bicicleta</u> a <u>comer.</u>

Tercero día

La huelga / The strike

Estación en Londres
un turista T, un empleado E

T (*delante de la ventanilla / in front of the ticket office*) ¿A qué hora sale el tren para Edinburgh? When does the train **to** Edinburgh leave (w*e*n das the trein tuu 'edinbere liiv)?

E No lo sé. I do not know (nou). Desde ayer en lugar de horario tenemos una huelga. Instead of the time table we have been on strike since yesterday (in'st*e*d of the taim teibl wii haev biin on straik sins 'j*e*sted*e*i).

T ¿De qué anden sale el tren? Which platform does the train leave **from** (witsch 'plaetfoom das the trein liiv from)?

E   Del anden número seis. From platform six (siks).

T   ¿Tengo que cambiar de tren? Do I have to change trains (duu ai haev tuu tscheind<u>sch</u> treins)?

E   Sí, tiene que cambiar de tren en York. Yes, you have to change trains **at** York (jook).

T   ¿Cuánto tiempo dura el viaje? How (hau) long is the journey ('d<u>sch</u>oeni)?

E   Normalmente cinco horas pero hoy por la huelga ocho horas. Normally   five hours ('auers), but (bat) today (te'dei) because of the strike eight.

T ¿Hay un coche-cama? Is there (th*e*er) a

17

couchette (kuu'sch*e*t)?

E   Sí, pero por la huelga sólo hasta York. Yes, but because of the strike only ('ounli) until (en'til) York.

T   Quisiera reservar un asiento de ventanilla en coche-cama. I would like to reserve a window seat and a couchette (ai wud laik tuu ri'soev e 'windou siit aend e kuu'sch*e*t). Un billete de ida y vuelta, la vuelta sin huelga, por favor. Please give me a return ticket, the return journey without the strike (pliis giv mii e ri'toen 'tikit, the ri'toen d<u>sch</u>oeni with'aut the straik).

P2: De qué significan las preposiciones **to, from, at**? **R2**: C 10

El sustantivo / The noun

R   Como regla general, no hay formas femeninas para los títulos de trabajo.
teacher: profesor / profesora.

R   Singular + **s** > **plural**
Coche / car + **s** > cars.

Formación del genitivo

R   **En las cosas el genitivo se forma con ,of'. (R5. 2)**

R   **En hombres y animales el genitivo está formado por un apóstrofe + s ('s). (R6)**

E   Los diamantes son los mejores amigos de las chicas. Diamonds are girls' best friends.

R   Cuando una palabra termina en ,s', sólo se agrega un apóstrofe al genitivo (girls').

18

Irregular plural

E   La mujer va en autobús al restaurante y come la patata con el cuchillo.
The la**d**y goes by bu**s** to the restaurant and eats the potat**o** with the kni**fe**.

Pl   The la**d**ies (1) go by bus**es** (2) to the restaurants and eat the potat**oes** (3) with the kni**ves** (4).

R

Terminación (palabra)	Terminación (Pl)
consonante + y	**ies** (1)
s, ss, sh, ch, x	**es** TF is (2)
consonante + o	**oes** (3)
f, fe	**ves** TF vs (4)

E   Los dientes y pies de los niños son más pequeños que los dientes y pies de hombres y mujeres.
The children's teeth and feet are smaller than the men's and women's teeth and feet.

	Sg	Pl
niño	child	children
diente	tooth	teeth
pie	foot	feet
hombre	man	men
mujer	woman	women ('wimen)

V Palabras con una forma plural faltante

E   Las noticias son interesantes, las informaciones son más interesantes y los consejos son los más interesantes.

News is interesting, **information** is more interesting and **advice** is the most interesting.

Días de la semana

lunes	Monday ('mandei)
martes	Tuesday ('tjuusdei)
miércoles	Wednesday ('wensdei)
jueves	Thursday ('thoesdei)
iernes	Friday ('fraidei)
sábado	Saturday ('saetedei)
domingo	Sunday ('sandei)

Meses

enero	January ('dschaenjueri)
febrero	February ('februeri)
marzo	March (maatsch)
abril	April ('eiprel)
mayo	May (mei)
junio	June (dschuun)
julio	July (dschuu'lai)
agosto	August ('oogest)
septiembre	September (sep'tember)
octubre	October (oc'touber)
noviembre	November (nou'vember)
diciembre	December (di'sember)

Temporadas

primavera	spring (spring)
verano	summer ('samer)
otoño	autumn ('ootem)
invierno	winter ('winter)

V La fecha

E   ¿Cuántos tenemos hoy? What's the date
     today (wot's the deit te 'dei)?
     Hoy es el 1 / 2 / 4 / 20 de mayo. Today is
     the 1st / 2nd / 4th / 20th **of** May. El 10 de
     junio saldremos. We shall leave **on** the
     tenth of June (wii schael liiv on the tenth of
     d<u>sch</u>uun).

R   La **fecha** viene dada por los **números
     ordinales**. (**R5**. 1)

V <u>Verbos irregulares</u>

La forma básica del verbo y el participio pasado
son **la misma**.

venir	come (**a**) came (ei) come (**a**)
hacerse	become (**a**) became (ei) become (**a**)
correr	run (**a**) ran (ae) run (**a**)

**Por favor aprender las palabras subrayadas
en el vocabulario de <u>comida</u> a <u>ensalada</u>.**

Cuarto día

La avería / The breakdown

Lugar: Londres
un turista T, una señora S,   empleado E,
mecánico M

T   Disculpe señora, ¿dónde está el taller más
cercano? Excuse me, madam, where is *the
nearest garage* (ik'skjuus mii weer is the
nierest 'gaeraa<u>sch</u>)?

S   (riendo / smiling) Justo detrás de usted.
Exactly behind you (ig'saektli bi'haind juu).

E   Hola, ¿qué hay? Hello, what's the matter
(he'lau, wot's the 'maeter)?

T   Mi coche tiene una avería. My car has broken
down (mai kaar haes 'brouken daun). ¿Puede
echarle un vistazo? Could you check my car
(kud juu tsch<i>e</i>k mai kaar)? Se ha parado y ya
no arranca. It has just stopped and does not
start (it haes d<u>sch</u>ast stopd aend das not
staat).

E   ¿Dónde se ha parado? Where has it stopped ?

T   Justo delante del taller. Exactly in front of the
garage (ig'saektli in frant of the 'gaeraa<u>sch</u>).

E   ¡Bien hecho, un buen coche! Well done, it's *a
good car* (wel dan, it's e gud kaar)! La llave
del coche por favor. Please give me the car
key (pliis giv mii the kaar kii). Mientras mi
mecánico controla el coche, usted puede
beber un café. While my mechanic checks the
car you can drink a coffee (wail mai mikaenik

22

tscheks the car juu kaen dringk e 'kofi).

El mecánico regresa después de 3 minutos.
The mechanic returns after 3 minutes.

T ¿Por qué el coche no arranca? Why does not
start the car (wai das not staat the kaar)?

M Adivinar. Have a guess (haev e ges).

T ¿El contacto no funciona? The starter does
not work (the staater das not woek)?

M No. No (nou).

T ¿La battería esta vacía? Is the battery flat (is
the 'baeteri flaet)?

M No, pero el depósito de gasolina está vacío.
No, but the tank is empty (nou, bat the taengk
is empti).

P3: The nearest garage: comparatico o
superlativo? **R3:** C 4 **P4:** ¿Qué regla de la
gramática se puede derivar de **a good car**?
R4: C 4

El adjetivo / The adjective

E La joven madre y el joven padre tienen tres
niñas.
The **young** mother and the **young** father
have three **young** girls (the jang mather
aend the jang father haev thrii jang goels).

R El adjetivo es **siempre el mismo**.
El adjetivo viene antes que el sustantivo.
(**R3**)

Comparativo y superlativo

E La primera niña es rubia, simpatica,
divertida y guapa.
The first girl is blond, nice, funny and

23

beautiful (the foest goel is blond, nais, 'fani aend 'bjuutiful).

The second girl is blond**er**, nic**er**, funni**er** and **more beautiful**.

The third girl is the blond**est**, nic**est**, funni**est** and **most beautiful**.

R Los adjetivos monosilábicos y adjetivos polisilábicos en -y componen principalmente el comparativo en -**(e)r** y el superlativo en -**(e)st**. (**R4**) El -y al final de la palabra se convierte en -i.

Los otros adjetivos polisilábicos hacen el comparativo mayormente con **'more'** y el superlativo con **'most'**.

V La comparación / The comparison

E La primera niña es más grande que la segunda niña. The first girl is *taller than* the second girl. La segunda niña es menos alta que la primera. The second girl is *less tall than* the first. La tercera niña es la menos grande. The third girl is *the least tall*. La tercera niña no es tan alta como la segunda. The third girl is not *as tall as* the second.

Comparativos y superlativos irregulares

verbo	comparativo	superlativo
good (gud) bien	better	best
bad (baed) mal	worse (woes)	worst (woest)
much (matsch) mucho	more (moor)	most (moust)
little (litl) poco	less (les)	least (liist)

El adverbio / The adverb

E   La bella Mary toca el piano bellamente.
The beautiful Mary plays the piano beautifully (the 'bjuutiful Mary pleis the 'pjaenou 'bjuutifuli).

R   El adverbio se deriva principalmente del adjetivo. Un adjetivo se convierte en un adverbio agregando -ly, por ejemplo
beautiful + **ly** > beauti**fully**
Excepsión: good (adjetivo) well (adverbio)

E   La mágica Mary toca el piano mágicamente.
The magic Mary plays the piano mag**ically** (the'maed<u>sch</u>ik Mary pleis the 'pjaenou 'maed<u>sch</u>ikeli).

R   Adjetivos on -**ic** hacen el adverbio on -**ically**.

E   El trabajo diario de Mary es tocar el piano todos los días. It's Mary's **daily** ('deili) (1) job to play the piano **daily** (2).

R   Los adjetivos de tiempo en -ly (1) también se utilizan como adverbios (2)

V Comparativo y superlativo

En los adverbios monosilábicos el comparativo se forma con -(**e**)**r**, el superlativo con -(**e**)**st**. Para los adverbios polisilábicos el comparativo se forma con '**more**', el superlativo con '**most**'.

V Palabras contrarias

| viejo / joven | **old** (ould) | **young** (jang) |
| barato / caro | **cheap** (tschiip) | **expensive** (ik'spensiv) |

ancho / estrecho	**broad** (brood)	**narrow** ('naerou)
fuera / dentro	**outside** ('aut'said)	**inside** ('in'said)
primer(o) / ultimo	**first** (foest)	**last** (laast)
libre / ocupado	**free** (frii)	**occupied** ('okjupaid)
pronto / tarde	**early** ('oeli)	**late** (leit)
groß/klein	**big** (big)	**small** (smool)
duro / mullido	**hard** (haad)	**soft** (soft)
claro / oscuro	**light** (lait)	**dark** (daak)
frio / caliente	**cold** (kould)	**warm** (woom)
aquí / allá	**here** (hier)	**there** (th*ee*r)
alto / bajo	**high** (hai)	**low** (lou)
hinauf / hinunter	**up** (ap)	**down** (daun)
fácil / difícil	**easy** (iisi)	**difficult** ('diffikelt)
ligero / pesado	**light** (lait)	**heavy** ('h*e*vi)
largo / corto	**long**	**short** (schoot)
izquierdo / derecho	**left** (l*e*ft)	**right**
fuerte / silencioso	**loud** (laud)	**quiet** ('kwaiet)
cercano / lejos	**near** (nier)	**distant**
arriba / abajo	**on**	**under** ('ander)
correcto / falso	**right** (rait)	**wrong** (rong)
rápido / lento	**quick** (kwik)	**slow** (slou)

bello / feo	**beautiful** (bjuutiful)	**ugly** ('agli)
fuerte / débil	**strong**	**weak** (wiik)
dulce / acido	**sweet** (swiit)	**sour** 'sauer
seco / mojado	**dry** (drai)	**wet** (wet)
lleno / vacío	**full**	**empty**

V Saludo y despedida

Hotel en Londres
mujer F, hombre M

M Mi nombre es Gallo. My name (mai neim) is Gallo. ¿Cómo usted se llama? What's your name (wots jur neim)?

F Mi nombre es Gallina. My name is Gallina.

M Encantado de conocer usted. Pleased to meet you (pliisd tuu miit juu). ¿De dónde es? Where do you come from? (weer duu juu kam from)?

F Soy de España. I come from Spain (ai kam from spein)

M Mis antepasados vinieron de España. My ancestors ('aensisters) came from Spain.

F … Lo siento, me tengo que ir ahora. I am afraid, I have to go now (ai aem e'freid, ai haev tuu gou nau). Fue un placer conocer usted, Sr. Gallo It was nice meeting you, mister Gallo (it wos nais miiting juu).

M Adiós, señora Gallina; buen viaje de regreso a España. Goodbye Mrs. Gallina; have a good return to Spain (gud'bai missis haev a gud ri'toen tuu spein).

Por favor aprender las palabras subrayadas de entender a haber.

Quinto día

Primer encuentro / First Meeting

Las Palmas de Gran Canaria.
Delante de un hotel. In front of a hotel. Al lado de la entrada dos maletas. Beside the entrance: two cases.
Una turista F un turista M

M ¿Le gusta aquí? Do you like it here (duu juu laik it hier)?

F Sí, me gusta mucho. Yes, I like it very much (jes, ai laik it veri matsch).

M ¿De dónde es? Where are you from (weer aar juu from)?

F Soy de Madrid. I am from Madrid (ai aem from madrid).

M Qué sorpresa yo también. What a surprise, I too (wot e se'prais, ai tuu). Me llamo Diego. My name (mai neim) is Diego.

F (riendo / smiling) Encantada. Nice to meet you (nais tuu miit juu).

M ¿Usted cómo se llama? What's your name (wot's jur neim)?

F Carmen.

M ¿Ha encontrado un buen hotel? Did you find a good hotel (did juu faind e gud hou'tel)?

F Sí, aquél es mi hotel. Yes, the hotel there.

M Estoy también en aquel hotel. I am also in this hotel ai aem 'oolsou in this hou'tel). ¿Está aquí con la familia? Are you here with your family (aar ju hier with juur faemili)?

28

F   No, estoy sola. No, I am alone (nou, ai aem e'loun).

M   Yo también. I too. He llegado ayer. I arrived yesterday (ai e'raivd jestedei). ¿Cuándo ha llegado? When did you arrive?

F   Hace una semana. A week ago today (e wiik e'gou te'dei).

M   ¿Hasta cuándo se queda? How long are you staying (hau long aar juu steiing)?

F   Estoy saliendo. **I am leaving** (ai aem living). Allí están mis maletas. There are my cases (theer aar mai keisis). Estoy esperando al taxista para ir al aeropuerto. I am waiting for the taxi driver in order to go to the air port (ai aem weiting foor the 'taeksidraiver in 'ooder tuu gou tuu thi eerpoot).

M   Qué lastima. What a pity (wot e 'piti)! ¿Nos podemos encontrar en Madrid? Can I see you again in Madrid (kaen ai sii juu e'gen)? ¿Le gustaría ir la cine? Would you like to go to the cinema (wud juu laik tuu gou tuu the sineme)?

F   No me interesa el cine. I am not interested in the cinema (ai aem not 'intristid in the 'sineme).

M   ¿Le apetece ir a una discoteca? Would you like to go to the discotheque (wund juu laik tuu gou tuu the 'diskoutek)?

F   No. No (nou).

M   ¿Qué hace en su tiempo libre? What do you do in your spare time (wot duu juu duu in jur speer taim)?

F   Mi hobby es la ópera. My hobby is the opera (mai 'hobi is thi 'opere).

29

M Este es también mi hobby. That's also ('ool-sou) my hobby. ¿Tiene tiempo el seis septiembre? Do you have time on the sixth of September (duu you haev taim on the sikth of sep'tember)?

F Un momento, por favor. One moment please ('moument pliis). Tengo que echar una mirada a mi agenda. I will have a look in my diary (ai wil haev e luk in mai 'daieri). Sí, la tarde está libre. Yes, the evening is free (jes, thi 'iivning is frii).

M (*toma su movíl y marca un número de telé fono / takes his mobile and dials a phone number*)

¿Qué ponen en la ópera el seis septiembre? What's on **the sixth of September** at the opera (wot's on the sikth of sep'tember aet thi 'opere)? Oh, un estreno. Oh, a première (ou e'premiaer). ¿Quién es el protagonista? Who plays the main role (hu pleis the mein roul)? Oh, Plácido Domingo! Quiero reservar dos butacas. I want to reserve two tickets in the gallery (ai wont tuu ri'soev tuu 'tikits in the 'gaeleri).

F ¿Qué ponen? What's on at the Opera?

M **Verdi's** 'Othello'.

P5: Qué reglas de la gramática se pueden derivar de **the sixth of September**? **R5.1**, **R5.2**: C 3 **P6**: **Verdi's** ¿regla? **R6**: C 3

V **P7**: **I am leaving** Qué forma gramatical? Para qué se usa esta forma? **R7**: C 5

El verbo (presente)

I (ai) learn	aprendo
you (juu) learn	aprendes
he, she, it (hii, schii) learn**s**	aprende
we (wii) learn	aprendemos
you (juu) learn	aprendéis
they (thei) learn	aprenden

R **La forma básica del verbo** es utilizada para el presente.
En la tercera persona del singular se anexa -**s**.

V <u>Verbos con una ortografía especial en la tercera persona del singular.</u>

E Mary vuela a muchas ciudades.
Mary f**lies** to many cities.

R Los verbos que terminan en consonante + -y (por ejemplo fly) forman la tercera persona del singular en -**ies**.

E En el aeropuerto, el marido besa a Mary y le desea buena suerte. At the airport the husband kiss**es** Mary and wish**es** her good luck.

R Para los verbos en -**s** y -**sh**, se agrega un -**es**.

V <u>La forma -ing / The present progressive</u>

E Actualmente estoy aprendiendo inglés.
I **am learning** English.

R La forma -ing se forma con una **forma presente de ser** (I am) y la **forma básica del verbo** + -**ing** (learning).

31

V Uso de la forma -ing

La forma -ing es utilizada para <u>acciones que están ejerciendo actualmente</u>. (**R7**)

E   Mary está tocando el piano.
      Mary is playing the piano.
      Mary toca actualmente los conciertos para piano de música romántica.
      Mary is playing the piano concertos of the romantic music.

Se usa la forma -ing también para <u>la descripcion de desarollos y tendencias</u>.

E   El juego de Mary está mejorando cado día.
      Mary**'s** playing is getting better every day.

V Verbos irregulares

Pasado y participio pasado son los mismos:

sentir	feel (ii)	felt (*e*)	felt (*e*)
encontrar	find (ai)	found (ou)	found (ou)
recibir	get (*e*)	got (o)	got (o)
oir	hear (ie)	heard (oe)	heard(oe)
tener	hold (ou)	held (*e*)	held (*e*)
poner	lay (ei)	laid (ei)	laid (ei)
guiar	lead (ii)	led (*e*)	led (*e*)
salir	leave (ii)	left (*e*)	left (*e*)
perder	lose (uu)	lost (o)	lost (o)
encontrar	meet (ii)	met (*e*)	met (*e*)
leer	read (ii)	red (*e*)	red (*e*)
vender	sell (*e*)	sold (ou)	sold(ou)

32

estar sentado	sit (i)	sat (ae) sat (ae)
dormir	sleep (ii)	slept (*e*) slept (*e*)
estar en pie	stand (ar)	stood (u) stood (u)
contar	tell (*e*)	told (ou) told (ou)

Conjugación: be, have, do, go (presente)

1 estoy	**I am** (ai aem) 1	**I have** (ai haev) 2
2 he	you are (juu aar)	you have
	he/she/it **is**	he/she/it **has**(haes)
	we/you/they are	we/you/they have

Be se usa como un verbo underline{independente} (Mary is a pianist / Mary es pianista). Tambien se usa como un verbo auxiliar (Mary is playing the piano / Mary toca el piano).

Have se usa como un verbo independente (Mary has a piano / Mary tiene un piano). Tambien se usa como un verbo auxiliar (Mary has played the piano / Mary ha tocado el piano).

1 hago	**I do** (ai duu) 1	**I go** (ai gou) 2
2 voy	you do	you go
	he/she/it **does** (das)	he/she/it **goes** (gous)
	we/you/they do	we/you/they go

V Hablar con el médico

¿Dónde hay un médico, una farmacia? Where is a doctor / a pharmacy (w*e*er is e dokter / a 'faameci)?

33

Estoy / soy ...   **I am** (ai aem) **...**
alérgico a   allergic to ... (e'loed<u>sch</u>ik tuu)
vacunado contra   vaccinated against
                             ('vaeksineited e'g*e*nst)
embarazada de ... meses   ... months pregnant
                             (manth 'pr*e*gnent)
diabético   diabetic (daie'b*e*tik)
Tengo ...   **I have** (ai haev) **...**
dolor de cabeza   a headache (h*e*d*e*ik)
dolor de oído   an earache (i*e*r*e*ik)
dolor de garganta   a sore throat (soor throut)
dolor de espalda   backache (baek*e*ik)
il mal di stomaco   got an upset stomach
                             (got an ap's*e*t 'stamek)
dolor de vientre   stomach ache ('stamek *e*ik)
un raffredore   a cold (e could)
fiebre   a temperature (e 'tempritsche)
la tosse   a cough (e kof)
una indigestión   an indigestion
                             (indi'd<u>sch</u>*e*stschen)
diarrea   diarrhoea (daie'rie)
la tensión alta / baja   high / low blood pressure
                             (hai / lou blad 'pr*e*scher)
los trastornos circulatorios   circulatory trouble
                             (sookju'leiteri 'trabl)
He vomitado.   I have been sick (biin sik).
Me he caído / I have had a fall (ai haev haed
e fool).
Tengo i dolori qui.   It hurts here (it hoets hier).
Tomo estos medicamentos regularmente. I take
this medicine regularly (ai teike this 'm*e*disin
'r*e*gjuleli).
**Por favor aprender las palabras subrayadas
de <u>habitación</u> a <u>llegar.</u>**

34

Sexto día

El traje de novia / The wedding dress

Una tienda de ropa en Madrid.
Carmen C, Vendedora V

V ¿Le puedo ayudar? Can I help you (kaen ai help juu)?

C Podría mostrarmi un traje de novia. Could you show me a wedding dress (kud juu schou mii e weding dres)?

V ¿Qué talla tiene? What size are you (wot sais aar juu)?

C Tengo la talla cuarenta. I am size 40.

V ¿Puede describir el traje de novia que desea? Could you describe the wedding dress you want to have (kud juu di'skraib the weding dres juu wont tuu haev)?

C Deseo un vestido elegante y tradicional. I want to have an elegant and traditional dress (ai wont tuu haev an eligent aend tre'dischenl dres).

V ¿De qué color? Which colour (witsch 'kaler)?

C Me gustaría un vestido blanco. I want a dress in white (ai wont e dres in wait).

V Este es muy elegante y tradicional, ¿no? This is elegant and traditional, **is it not**?

C ¿Puedo probarlo? Can I try it on (kaen ai trai it on)?

V Con mucho gusto. Of course (of koos). Aquí están los probadores. There are the fitting rooms (theer ar the 'fiting ruums).

35

C *está de pie delante del espejo y mira feliz su imagen reflejada / stands in front of the mirror and looks happily at her reflection*
Este traje de novia es un sueño. This wedding dress is a dream. ¿Cuánto cuesta este sueño? How much is this dream? (hau matsch is this driim)?

V Son dos mil euros. Two thousand Euro (tuu 'thousend 'juerou).

C Qué pena. What a pity (wot e 'piti). No puedo gastar más de mil euros. I cannot pay more than a thousand Euro (ai kaen not pei moor thaen e 'thousend 'juerou).

V Un momento por favor; voy a telefonear con el jefe de sección. One moment please (wan 'moument pliis); I will speak to the head of department on the phone (ai wil spiik tuu the hed of di'paatment on the foun).
Después de la llamada telefónica. After the phone call.
Puede comprar el vestido por mil quinientos euros. You can buy the dress with one thousand and five hundred Euro (juu kaen bai the dres with wan thausend aend faif 'handrid 'juerou).

C Vale, lo compro. Okay ('ou'kei), **I will buy it** (ai wil bai it).

P8: **I will buy it** ¿regla? **R8**: C 6
V **P9**: **is it not** ¿regla? **R9**: C 8

El pasado / The past simple

E   Mary tocó el piano en París durante dos años; por eso ella se mudó a Francia. Mary play**ed** (1) the piano for two years in Paris; therefore she move**d** (2) to France

R   El pasado se forma de esta manera:
forma básica del verbo + ed. (1)
Cuando un verbo termina en -e:
Forma básica del verbo + d (2).

El tiempo pasado es **el mismo** para todas las personas:
I, you, he, she, we, you, they **played**.

Verbo be: el tiempo pasado es irregular (R 15)

I **was** (wos)	era	we were éramos
you were (woer)	eras	you were erais
he/she/it **was**	era	they were eran

V   Las palabras que apuntan a un tiempo en el pasado requieren el uso del tiempo pasado, por ejemplo: last week / la semana pasada, 3 days ago / hace 3 días, yesterday / ayer.

El perfecto / The present perfect simple

R Formación de la forma perfecta: **Presente de have** (she has) + **participio pasado** del verbo (played). (**R 16**)

Con los verbos regulares el participio pasado se forma de la misma manera que el tiempo pasado:
Forma básica del verbo + (e)d.

R   El participio pasado es **inmutable**

37

V Uso del perfecto

1. <u>En acciones o estados que han comenzado en el pasado y duran hasta el presente</u>.
E   ¿Cuánto tiempo lleva Mary tocando el piano?
    How long **has** Mary **played** the piano?
    Mary ha estado tocando el piano desde la edad de cinco años.
    Mary **has played** the piano since she was five.
2. <u>Por acciones que acaban de terminar</u>.
E   Mary acaba de tocar el piano.
    Mary **has** just **played** the piano.

El futuro / The future simple

E   Creo que mañana hará buen tiempo y nadaremos. I think the weather **will be** (1) nice tomorrow and we **shall swim** (2).
TF: Ai think the 'weΤher wil bii nais te'morou aend wii schael swim.
R   El futuro se forma así:
    'will' + la forma básica del verbo (1) **(R8)**
    ‚will‘ es la misma para todas las personas.
    En la primera persona del singular y plural ‚will‘ puede ser reemplazado por ‚**shall**‘ (2).
E   ¿Debo venir mañana? Shall I come tomorrow?
R   En oraciones interrogativas tiene 'shall' significado ‚deber‘.

Verbos irregulares

	be	have	do	go
presente	I am	I have	I do	I go
pretérito	I was	I had	I did	I went
perfecto	I have **been**	I have **had**	I have **done**	I have **gone**
	(biin)	(haed)	(dan)	(gon)

V El verbo reflexivo

E Me presento / I introduce myself.
   I introduce **myself** (mai'self).
   You introduce **yourself** (je'self).
   He introduces **himself** (him'self).
   She introduces **herself** (her'self).
   It introduces **itself**.
   We introduce **ourselves** (aue' selfs).
   You introduce **yourselves** (je'selfs).
   They introduce **themselves**.

V El imperativo / The imperative

Lugar: Opera en Londres
Sra. Smith S, Sr. Brown B

S (sentada in una fila, detrás de la espalda
   larga del gigante Sr. Brown)
   "¡Siéntate, no estar de pie!"
   "**Sit** down, **don't stand!**"
   TF: Sit daun, dount staend.
B "Lo siento, ya estoy sentado"
   "Sorry, I am already sitting."
   TF: 'Sori, ai aem ool'redi 'siting.

39

R   La **forma básica del verbo** se usa como **imperativo.** (**R 12**) Imperativo negativo: **don't + verbo.**

E   Vamos a casa. Let's go home.

R   Cuando el orador está involucrado, se usa let us (let's).

V Gerundio

El gerundio es idéntico a la forma -ing. **Después de una preposición**, se usa **el gerundio** en lugar del verbo: I succeed **in learning** English / tengo exito en aprender inglés.

R El gerundio es **invariable.**

V <u>Verbos irregulares</u>

En los siguientes verbos el pasado termina en **-ew** (uu) el participio pasado termina en **-own** (oun):

soplar

blow (ou)	blew (uu)	blown (oun)

volar

fly (ai)	flew (uu)	flown (oun)

crecer

grow (ou)	grew (uu)	grown (oun)

saber

know (ou)	knew (uu)	known (oun)

tirar

throw (ou)	threw (uu)	thrown (oun)

Por favor aprender las palabras subrayadas de <u>lleno</u> a <u>nuve</u>.

Sétimo día

The Honeymoon / La luna de miel

Aeropuerto Madrid-Barajas
Carmen C, Diego D, un empleado E

D When does the charter plane leave for Paris (w*e*n das the'tschaater plein liiv for Paris)? ¿A qué hora sale el vuelo chárter para París?

E You have still a little time (juu haev stil e litl taim). Tienen aún un poco de tiempo. The plane takes off at nine o'clock (the plein teiks of aet nain eklok). El avión sale a las 9.

C When does the plane arrive in Paris (w*e*n das the plein e'raiv in paris)? ¿A qué hora llega el avión a París?

E If the plane takes off on time the arrival is **at eleven** (i'levn) **o'clock**. Si el avión sale puntual, la llegada es a las once. Are you going *to* Paris for the first time (aar juu gouing tuu Paris foor the foest taim)? ¿Ustedes viajan a París por primera vez?

C Yes, it's our honeymoon (j*e*s, it's 'auer 'hanimuun). Sí, es nuestra luna de miel.

E Oh, congratulations on your marriage (ou, kengraetju'leischens on jur 'maerid<u>sch</u>). Felicidades. Did you find a good hotel (did juu faind e gud hou'tel)? ¿Han encontrado un buen hotel?

D Yes, nearby the cathedral *Notre Dame* in the *Quartier latin* (nierbai the ke'thiidrel). Sí, cerca de la catedral *Notre-Dame* en el barrio *Quartier latin*.

41

E I lived in this district of Paris from 1988 to 1996 (ai livd in this 'district of Paris from 'nain'tiin 'eiti eit tuu nain'tiin 'nainti siks). Viví en aquel barrio de 1988 a1996. Each time when I remember Paris I am homesick for that wonderful city (iitsch taim wen ai rimember Paris ai aem houmsik foor thaet 'wandefel 'siti). Cada vez que me acuerdo de París, tengo una gran nostalgia de aquella ciudad maravillosa.

C What impressed you the most in Paris (wot im'presd juu the moust in Paris)? ¿Qué le gustó más en París?

E It's a difficult question (it's e 'difikelt 'kwestschen). Esa es una pregunta difícil. Perhaps the view of the *Seine* under the bridges of Paris (pe'haeps the vjuu of the *Seine* 'ander the bridschs of Paris) or the view from my apartment of the blue sky over the roofs of Paris (oor the vjuu from mai e'paat ment of the bluu skai 'ouver the ruufs of Paris). Tal vez las vistas al Sena debajo de los puentes de París o las vistas de mi apartamento al cielo azul sobre los techos de París. Perhaps that evening **on place *Concorde***, when the red sun was setting behind the Eiffel tower (pe'haeps thaet 'iivning on pleis *Concorde* wen the red san wos setting bi'haind thi Eiffel tauer). Quizá aquella tarde en la plaza *Concorde* mientras el sol rojo se ponía detrás de la torre Eiffel. Perhaps that night, when I looked at the light of the city from the highest restaurant of the Eiffel tower (pe'haeps thaet nait, wen ai lukd aet the lait of the 'siti from the

haiest 'resteront of thi Eiffel tauer). Quizá
aquella noche cuando miré el océano de luz
de la ciudad en el más alto resturante de la
torre Eiffel. Perhaps the seductive beauty of
the dancers in the *Lido* and the *Moulin Rouge*
(pe'haeps the si'daktiv 'bjuuti of the daansers
in the *Lido* aend the *Moulin rouge*). Quizá la
belleza seductora de las bailarinas en el *Lido*
y el *Moulin Rouge*. Perhaps that morning after
a sleepless night in front of the church *Sacré-
Coeur,* when I looked at the rosy light of the
sunrise (pe'haeps thaet 'mooning 'aafter a
sliiples nait in frant of the tschoetsch *Sacré-
Coeur,* wen ai luuked aet the rousi lait of the
sanrais). Quizá la mañana cuando vi delante
de la iglesia *Sacré-Coeur* después de una noche en blanco la salida del sol rojizo. What
impressed me the most (wot im'presd mii the
moust)? ¿Qué me gustó más? I don't know (ai
dount nou). No lo sé. But I know, that you
will be very happy during your honeymoon
(bat ai nou, that juu wil bii veri 'haepi 'djuu-
ring jur 'hanimuun) because Paris is the per-
fect city for love and therefore the ideal place
for a honeymoon (bi'koos Paris is the poefikt
siti foor lav aend 'therefore thi ai'diel pleis
foor e 'hanimuun). Pero sé que estaréis muy
felices durante la luna de miel porque París es
la ciudad perfecta para el amor y por eso el
lugar ideal para una luna de miel. Here are the
air-travel tickets (eer trevl tikits) Aquí están
las tarjetas de embarque. **Say hello** to Paris
for me (sei he'lou tuu Paris foor mii). Saluden
a París de mi parte. I wish you a good flight

43

and a happy honeymoon (ai wisch juu e gud flait aend e haepi' 'hani muun). Les deseo un buen vuelo y una feliz luna de miel.

V **P10: at eleven o'clock** ¿regla? **R10**: C 2
P11: on place Concorde ¿regla? **R 11**: C 2
P 12: say hello ¿regla? **R 12**: C 6

Pronombres personales / The personal pronouns

El proverbio reemplaza otra palabra para evitar la repetición.

E ¿Te vas a encontrar con Paul? Sí, **lo** encuentro.

Do you meet Paul? Yes, I meet **him**.
TF: Duu juu miit Paul. J*e*s, ai miit him.

El pronombre (acusativo)

El pronombre (acusativo) responde a las preguntas: ¿que, quién?
E Yo te amo / I love you (ai lav juu)

pron.sujeto	verbo	pron. acusativo
I	love	**You**
You	love	**me**
He	loves	**her**
She	loves	**him**
It	loves	**it**
We	love	**you**
You	love	**us**
They	love	**them**

El pronombre (dativo)

El pronombre (dativo) responde a la pregunta:
¿a quién?
Los pronombres (acusativo) **y los pronombres** (dativo) **son idénticos.**

E Te doy un regalo / I give you a gift

pron. sujeto	verbo	pron. dativo
I	give	**you**
You	give	**me**
He	gives	**her**
She	gives	**him**
It	gives	**it**
We	give	**you**
You	give	**us**
They	give	**them**

Tambien puede establecer las preposiciones '**for**'
o '**to**' delante del pronombre dativo. I send the
gift **to** her (ai send the gift tuu hoer). Le envio el
regalo.

**Por favor aprender las palabras subrayadas
de <u>oficina</u> a <u>pie</u>.**

Octavo día

La llegada en el hotel / Arrival in the hotel.

Un hotel en Palma de Mallorca
Carmen C, Diego D, su hija Lucia L, Señor
Rodriguez R

D Buenas tardes, me llamo Diego Días. Good
evening, my name is Diego Días (gud 'iivning, mai neim is).

R Encantado. Nice to see you (nais tuu sii juu).

D Necesitamos una habitación doble y una habitación individual para nuestra hija. We need a
double   room and a single room for **our**
daughter (wii niid e 'dabl ruum aend e 'singl
ruum foor 'auer 'dooter).

R ¿Cuánto tiempo quieren quedarse? How long
are you staying (hau long aar juu steiing)?

D Por una semana. One week.

R Tienen suerte. You are lucky (juu aar 'laki). A
pesar de la temporada alta tengo unas habitaciones libres. Although it is the high season
there are still some free rooms (ool'thou it is
the hai siisn th*e*er aar stil sam frii ruums).
Tengo dos habitaciones con baño, balcón y
vistas al mar. There are two rooms overlooking the sea with a bathroom and a balcony
(th*e*er aar tuu ruums ouverluking the sii with e
'bathruum aend e 'baelkeni).

C ¿Cuánto cuestan con desayuno, media pensión y pensión completa? How much is it with
breakfast, half board and full board (hau

46

matsch is it with 'brekfest, haaf bood aend ful bood)?

R Aquí tiene la lista de precios. **This** is the price list (prais list).

C Es muy caro. It is very expensive (it is veri ik'spensiv). ¿Tienen también unas habitaciones más baratas? Do you have cheaper rooms? (duu juu haev 'tschiiper rums)?

R Tengo dos habitaciones con ducha y vistas a las montañas. We have two rooms overlooking the mountains ('mauntins) and with shower ('schauer).

C ¿Podemos ver las habitaciones? Can we see the rooms (kaen wii sii the ruums)?

R Con mucho gusto. Of course (of koos).
   Después de la visita. After the viewing.

C Nos quedamos con las habitaciones. We will take the rooms (wii wil teik the ruums).

R Rellenar este formulario de ingreso, por favor. Please fill out this application form (pliis fil aut this aepli'keischen foom). Firmar aquí, por favor. Would you sign here, please (wud juu sain pliis).

D ¿Hay alguien que podría llevar el equipaje a la habitación? Could somebody take our luggage up to the room (kud'sambedi teik 'auer 'lagid<u>sch</u> ap tuu the ruum)?

R Llamaré a un mozo de hotel. I will call for a servant (ai wil kool for e 'soevent). Aquí tienen las llaves. These are the keys (thiis aar the kiis).

C ¿A qué hora es el desayuno? When is breakfast served (wen is 'brekfest soevd)?

R De ocho a diez. Between eight and ten.

D Por favor, despertar nos a las ocho. Wake us at eight tomorrow, please (weik as aet eit te-'morou pliis).

R Por supuesto. Of course. Aquí está el ascensor. There is the lift (theer is the lift). Felices fiestas. Have a good holiday (haev e gud holidei). *Después de una semana muy bella. After a good week.*

D ¿Puedo recibir mi cuenta? May I have my bill (mei ai haev mai bil)?

R La cuenta está lista. The bill is ready ('redi).

D Hasta la vista, hemos tenido una estancia muy agradable. Goodbye, we had a very pleasant stay (gud'bai, wi haed e veri plesnt stei).

C Fue una semana maravillosa. It **was** a wonderful week (it wos e 'wandefel wiik).

L Adiós, ha sido estupendo. Bye, it was mega fantastic (bai, it wos 'mege faen'taestik).

R Fue un placer conocer ustedes. It was nice meeting you (it wos nais 'miiting juu). Espero ver ustedes de nuevo el año que viene. I hope to see you again next year (ai houp tuu sii juu e'gen nekst jier). Buen regreso. Have a good journey home (haev e gud dschoeni houm).

P 13: **our** ¿regla? **R 13**: C 8 **P 14**: **this** ¿regla? **R14**: C 8 **P 15**: **was** ¿Conjugación del imperfecto? **R 15**: C 6

El pronombre posesivo / The possessive pronoun

Se distingue adjetivos posesivos a pronombres posesivos.

R **Adjetivo posesivo + s > pronombre posesivo. (R 13)**
por ejemplo: your + **s** > your**s**
Excepsión: mine, his y its.

E Esta es mi casa, esa es la tuya.
This is **my** house, that is your**s** (mai … jurs).
This is **your** house, that is mine (jur … main).
This is **his** house, that is her**s** (his …hoers).
This is **her** house, that is his (hoer … his).
This is **its** house, that is its.
This is **our** house, that is your**s** ('auer … jurs).
This is **your** house, that is our**s** (jur … 'auers).
This is **their** house, that is their**s** (th*e*er … th*e*ers).

V <u>El pronombre relativo</u>

E Mary, que es una pianista cuyo nombre es muy famoso y que ha sido galardonada con muchos premios, tiene un marido que nadie conoce.
Mary **who** is a pianist (1) **whose** name is very famous (2) **to whom** many prizes were given, (3) has a husband **who** nobody knows (4).

TF: Mary huu is e 'pienist huus neim is 'v*e*ri

'feimes tuu huum 'meni praises woer given,
haes e 'hasbend huu 'noubedi nous.

R   En **personas**: pronombre relativo en el
nominativo: **who** (1) en el genitivo**: whose**
(2) en el dativo: p**reposición** + **whom** (3)
(**R 16**) en el acusativo: **who, whom** (4).

E   El piano de cola de Mary que costó mucho,
cuyo fabricante fue Steinway y con que
Mary toca todos los conciertos, tiene un
sonido que no se puede describir.
Mary's grand piano **which** cost a lot (1)
whose manufacturer was Steinway (2) and
with which Mary plays all the concerts (3),
has a tone **which** one cannot describe (4).

TF: Mary's graend 'pjaenou witsch kost e lot
huus maenju'faektscherer wos Steinway
aend with witsch Mary pleis ool the 'kon-
sets, haes e toun witsch wan kaen not di-
'skraib.

R   En **materias**: pronombre relativo en el
nominativo: **which** (1) en el genitivo:
whose (2) en el dativo: p**reposición** +
which (3) en el acusativo: **which** (4).

La oración interrogativa

E   **Mary is** a pianist (1). **Is Mary** a pianist?
She can play the piano (2). **Can she** play
the piano?

R   <u>Oraciones afirmativas con el verbo be (1)</u>
<u>o un verbo auxiliar (can, may, shall, will)</u>
<u>(2) se convierten en oraciones interroga-</u>
<u>tivas si se intercambian sujeto y verbo.</u>

E   I   Mary plays the piano.

      II   **Does** Mary **play** the piano?

      III   Where **does** Mary **play** the piano?

R   Una oración afirmativa con un verbo independiente (I) se puede convertir en una oración interrogativa (II) con la ayuda de **do / does** (presente) y **did** (pasado) + **infinitivo sin to.** La oración interrogativa (II) tiene el mismo orden de palabras que la oración afirmativa (I). Para frases con un pronombre interrogativo (III) tambien se usa do / does / did. (**A1.** 2)

E   **Who** plays the concert? ¿Quién toca el concierto?

R   <u>Do, does, did se eliminó cuando un pronombre interrogativo es el **sujeto** de la oración </u>(por ejemplo **who**, what).

La negación / The negative

E   El marido de Mary no toca el piano.

     Mary's husband **does not play** the piano.

R   En oraciones con un verbo independiente uno forma el negativo con **do not**, **does not**, **did not** + **infinitivo sin to.**

E   Nunca vi York. I have **never** seen York.

R   Do not, does not, did not se omitte para las oraciones declarativas con palabras negativas, por ejemplo: **never**, no.

E   El marido de Mary no es musical. El no puede cantar. Mary's husband is **not** musical (1); he can**not** sing (2).

R   <u>Para oraciones con **be** (1) o un verbo auxiliar (2), uno forma el negativo insertando **not** detrás de estos verbos.</u> Puede acortar not a **n't** y adjuntar al verbo: He is**n't** musical.

V <u>Partícula interrogativa</u>

E ¿En qué sala de conciertos tocaba Mary?
Which concert hall did Mary play **in**
(witsch 'konset hool did Mary plei in)?

R La partícula interrogativa está en preguntas directas al principio de la oración.
Cuando se asocia con una **preposición**, la
preposición generalmente se coloca al **final de la oración**.

E Oímos el concierto, ¿verdad?
We heard the concert, **didn't we?**
We did not hear the concert, **did we?**

R Frase afirmativa: **Apéndice negativo.(R9)**
Frase negativa: **Apéndice afirmativo.**

El pronombre demostrativo

E ¿Qué niña es más bella, esta **aquí** o esta
allá? Which girl is more beautiful: **this** or
that?

R **This (Pl these): Objeto cercano.**
that (Pl those): Objeto más lejos.

R El uso del pronombre demostrativo está
determinado por la distancia. (**R 14**)

V <u>Verbos irregulares</u>

romper	break (ei)	broke (ou)
	broken (ou)	
conducir	drive (ai)	drove (ou)
	driven (i)	

comer	eat (ii)	ate (*e*)
	eaten (i)	
caer	fall (oo)	fell (*e*)
	fallen (oo)	
dar	give (i)	gave (ei)
	given (i)	
ascender	rise (ai)	rose (ou)
	risen (i)	
hablar	speak (ii)	spoke (ou)
	spoken (ou)	
tomar	take (*e*i)	took (u)
	taken (*e*i)	
escribir	write (ai)	wrote (ou)
	written (i)	

Por favor aprender las palabras subrayadas de <u>piso</u> a <u>reservar</u>.

53

Nono día

Al restaurante / In the restaurant

Restaurante en Londres
Carmen C, Diego D, Lucia L, Cameriere
Pablo P

D Me llamo Diego Días. My name is Diego Días. Tengo una reserva para tres personas. **I
have reserved** a table for three (ai haev ri-
soevd e teibl foor thrii) .

P Esta es la mesa. This is the table (this is the
teibl). Aquí tienen la carta y la lista de bebi-
das. Here are the menu and the drink list
(hier aar the 'menjuu aend the drink list).
¿Desean un aperitivo? Would you like an
aperitif (wud juu laik en eperi'tiif)?

C Un vino espumoso por favor. A German champagne please (e 'dschoemen schaem'pein
pliis).

L Un refresco. A soft drink please.

D Una copa de champan. A glass of French
champagne (e glas of frentsch schaem'pein).
Después del aperitivo. After the aperitif.

P ¿Qué quieren para beber? What would you
like to drink (wot wud juu laik tuu drink)?

C Una copa de vino blanco. A glass of white
wine (a glaas of wait wain).

L Un zumo de fruta. A fruit juice (e fruut
dschuus).

D Una cerveza de barril. A draught beer (e
draaft bier).

P ¿Qué quieren de primero? What would you like as a starter (wot wud juu laik aes e 'staater)?

D Entradas mezcladas. Mixed starters (mikst staaters).

C Cocido de jamon y melon. Cooked ham and melon (kukd haem aend 'melen).

L Una sopa de verduras. A vegetable soup (e 'vedschitebl suup).

P ¿Qué quieren de segundo? What would you like as main course (wot wud juu laik aes mein koos)?

L Para mí una comida vegetariana. I would like a vegetarian dish (ai wud laik e vedschi'taerien disch). ¿Qué recomienda? What do you recommend (wot duu you reke'mend)?

P Lenguado gratinado con arroz. Sole and as side dish rice (soul aend aes said disch rais).

D Para mí bistec y ensalada mixta. I would like the beefsteak and mixed salad (ai wud laik the biifsteik aend mikst 'saeled).

P ¿Qué salsa para la ensalada? What kind of dressing would you like (wot kaind of 'dresing wud juu laik)?

D Salsa francesa. French (frentsch) dressing.

P ¿Cómo quiere el bistec: poco hecho, medio hecho, muy hecho? How would you like the steak: rare, medium or well done (hau wud juu laik the steik: ree, 'miidiem oor wel dan)?

D Medio hecho. Medium.

C Quiero un plato de carne. I would like a meat dish (ai wud laik e miit disch).

P Recomiendo el cordero asado con berenjenas y pimientos. I recommend roast lamb with aubergine and peppers (ai reke'mend roust laem with 'oubeschiin aend 'pepes).

Después del plato principal. After the main course.

P ¿Qué desean de postre? What would you like for dessert (di'soet)?

L Ensalada de frutas y crema de chocolate y una tazza de té con limón. Fruit salad and chocolate mousse and a cup of tea with lemon (fruut 'saeled aend 'tschokled muus aend a kap of tii with 'lemen).

D ¿Qué sabores de helado hay? What kind of ice cream (ais kriim) do you have?

P Vainilla, frambuesa, fresa, nuez, albaricoque. Vanilla (ve'nile), raspberrie ('raasberi), strawberrie ('strooberi), walnut ('woolnat) and apricot ('eipricot).

D Por favor un helado mixto y un café con leche. Please a mixed ice-cream and a coffee with milk.

C ¿Qué pasteles tiene? What kind of cake (keik) do you have?

P Tarta de manzana y tarta de queso. Apple cake (aepl keik) and cheese cake (tschiis keik).

C Una tarta de manzana, pero con crema batida, y un espresso. An apple cake but with whipped cream (wipt kriim) and an espresso (espresou).

Después de una comida muy buena. After an excellent lunch.

P ¿Le gustó? Did you enjoy it (did juu in'dchoi it)?

C El almuerzo estuvo delicioso. The lunch was delicious (di'lisches). Do la enhorabuena al

56

cocinero. Would you give our compliments to the chef (wud juu giv auer 'compliments tuu the sch*e*f).

D La cuenta por favor. The bill please. Está bien así. Keep the change (kiip the tscheind<u>sch</u>).

P Muchas gracias. Thank you very much.
   P 16: I have reserved ¿regla? **R 16**: C 6

V <u>El espacio</u>

en la casa / **in** the house (haus)
por / **through** … (thruu)
dentro de / **inside** …('in'said)
fuera de / **outside** …('aut'said)
delante de / **in front of** … (frant)
detrás de / **behind** … (bi'haind)
junto a / **beside** … (bi'said)
sobre / **on** …
enfrente de / **opposite** … ('opesit)

V <u>La llegada</u>

He llegado …   I arrived (e'raived) …
hace ocho días / eight days ago (eit deis e'gou)
la semana pasada / last week (laast wiik)
anteayer / the day before yesterday (bi'foor 'j*e*stedei)
ayer / yesterday
hoy / today (te'dei)
recientemente / a little while ago (e litl wail e'gou), hace media hora / half an hour ago (haaf en'auer e'gou). Estoy llegando. I am just arriving (ai aem d<u>sch</u>ast e'raiving). Acabo de llegar. I have just arrived (ai haev d<u>sch</u>ast e'raived).

V La salida

Voy a partir. I am going to leave (gouing tuu liiv).

Salgo ...   **I will leave ...**
immediatamente / immediately (i'miidietli)
pronto / soon (suun)
lo antes posible / as soon as possible (aes suun aes 'posebl)
dentro de dos horas / in two hours (tuu 'auers)
hoy por la mañana / this morning (this 'mooning)
esta tarde / this afternoon (aafte'nuun)
esta tarde / this evening ('iivning)
mañana / tomorrow (te'morou)
pasado mañana / the day after tomorrow

V La frecuencia

nunca	never ('never)
a veces	sometimes ('samtaims)
muchas veces	often ('ofen)
las más veces	mostly ('moustli)
siempre	always ('oolweis)

Entenderse

¿Habla usted inglés? Do you speak English (duu juu spiik 'inglisch)? ¿Alguien habla español? Does anyone speak Spanish (das 'eniwan spiik 'spenisch)? No entiendo. I do not understand (ai duu not ande'staend).¿Puede repetirlo y hablar más despacio? Could you repeat it and speak more slowly (kud juu ri'piit it aend spiik moor slouli)? ¿Puede deletrearlo? Could you

58

spell it? ¿Puede escribirlo por mi? Could you write it down for me (kud juu rait it daun foor mii)? ¿Puede traducir esto por mí? Could you translate this for me (kud juu traens'leit this foor mii)? Cómo se dice esto en inglés? What is that in English (wot is thaet in 'inglisch)? ¿Qué significa esto? What does that mean (wot das thaet miin)? ¿Cómo se pronuncia esta palabra? How do you pronounce this word (hau duu juu pre-'nouns this woed)?

V En los grandes almacenes

Hay un supermercado cerca? Is there a department store around here (is theer e di'paatment stoor eraund hier)?¿Le puedo ayudar?Can I help you (kaen ai help juu)? Gracias, sólo estoy mirando. I am just looking, thanks (ai aem dschast luking, thaenks). Tengo que pensar en ello. I will have to think about it (ai wil haev tuu think e'bout it). ¿Cuánto es? How much is that (hau matsch is thaet)? Es demasiado caro. That is too expensive (tuu ik'spensiv). ¿Tiene algo más barato? Do you have anything cheaper (du juu haev 'enithing tschiiper)? Esto me gusta; lo jjevo. I like that, I will take it (ai laik thaet, ai wil teik it). ¿Puedo pagar con esta tarjeta de crédito? Can I pay with this credit card (kaen ai pei with this 'kredit kaad)? Quiero un recibo. I would like a receipt (ai wud laik e ri'siit). Tiene una bolsa? Do you have a bag (duu juu haev e baeg)?

V Después un accidente

He habido un accidente. I have had an accident (ai haev haed en 'aeksident). Alguien está gravemente herido. Somebody is seriously hurt ('sambedi is sie'riesli hoet). Llame enseguida una ambulancia y la policia. Please call immediately an ambulance and the police (pliis kool i'miidietli en aembjulens aend the pe'liis). ¿Puede darme su nombre y apellido, su dirección y el número de su seguro? Please give me your name, your address and your insurance number (pliis giv mii jur neim, 'jur edr*e*s aend jur in'schuerens 'namber).

V Verbos irregulares

TF   1. forma (**i**) 2. forma (**ae**) 3. forma (**a**).

empezar	begin (**i**)	began (**ae**)	begun (**a**)
beber	drink (i)	drank (ae)	drunk (a)
cantar	sing (i)	sang (ae)	sung (a)
bajar	sink (i)	sank (ae)	sunk (a)
saltar	spring (i)	sprang (ae)	sprung (a)
nadar	swim (i)	swam (ae)	swum (a)

Por favor aprender las palabras sunrayadas de restaurante a servir.

Décimo día

La preposición

E   Mary vuela a las seis de la tarde de Londres
a París, con el manager, pero sin su esposo,
para un concierto en el Pleyel Hall. Mary
flies **at** 6 pm (1) **from** London **to** Paris,
with the manager, but **without** her husband,
for a concert in the Pleyel hall. El avión
vuela por encima, entre y debajo de las
nubes. The aircraft flies **above, between**
and **below** the clouds. Durante el aterrizaje,
Mary mira la torre Eiffel por la noche.
During the landing Mary looks at the
Eiffel tower by night.

at (aet) a **R** 2	above (e'bav)
	por encima
from de **R** 2	between (bi'twiin)
	entre
to (tuu) a **R** 2	below (bi'lou)
	debajo de
with con	during ('djuering)
	durante
without (with'aut) sin	
for (foor) para	

(1) Se usa desde la medianoche hasta el mediodía
'am', la abreviatura de 'ante meridiem'. Se usa
de 12 a 24 'pm', la abreviatura de 'post meridiem'.

V <u>many, much, a lot of</u>

E   I   ¿Tiene muchos libros?
        Do you have **many** books ?

    II Sí, pero no tengo mucho tiempo para
        leerlos.
        Yes, but I don't have **much** time to read
        them.

    III Sí, tengo muchos libros y mucho tiem-
        po para leerlos.
        Yes, I have **a lot of** books and **a lot of**
        time to read them.

R   Con frecuencia **many** y **much** se usan en
    oraciones interrogativas (I) y negativas (II).
    En oraciones declarativas (III) se usa a me-
    nudo **a lot of.**

V <u>Any</u>

Un librero está al teléfono con un escocés.
Librero: „Puede venir en cualquier momento y
          elegir cualquier libro."
          „You can come at **any** time and choose
          any book."

Escocés: I „No tengo dinero."
            „I have no money / I do not have
            any money."

         II ¿Tiene libros gratuitos?
            Do you have **any** free books?"

R   En las oraciones negativas (I) se usa ‚no'
    (antes de los nombres) o **any** después de un
    verbo negativo. En las oraciones interroga-
    tivas (II) se usa **any**, si no está seguro acer-
    ca de la respuesta. (**R 17**)

V Some

B I ¿Te gustaría **un poco** de té y **unas** galletas?
Would you like **some** tea and **some** biscuits ?
II Quiro un poco de té.
I would like **some** tea.
R Some antes de un singular significa **un poco** y antes de un plural **unas**. (**R 11**)
Se usa **some** en oraciones interrogativas, si espera una respuesta positiva (I) y en oraciones declarativas. (II)
Las composiciones (por ejemplo somebody / anybody, something / anything) se usan como some y any.

V Expressiones importantes

¿**Cómo** / **how** está / are you, se va a ... / do I get to... ¿A qué distancia está / how far is it to…?
¿**Cuál es** / **what is the** la dirección / address, el prefijo de / code for, el número de teléfono / phone number, la tarifa / charge, el voltaje / voltage, el pronostico del tiempo / weather forcast, el día del mercado / market day?
¿**Cuándo** / **when (what time)** abren (cierran) / does open (close), empieza (termina) / does start (finish), sale (llega) / does leave (arrive), es el/la proximo/a / is the next? ¿A partir de qué hora se puede entrar? When do the doors open?
¿**Cuánto** tiempo dura ... / how long does .. last, ¿Cuánto cuesta por hora / día? How much is it

per hour (day)?

¿Dónde / where tiene lugar / does take place, puedo encontrar (comprar) / can I find (buy), puedo conseguir / do I get, quedamos / do we meet? ¿Dónde puedo comprar los billetes? Where can I buy the tickets?

¿Dónde está / where is el/la … más cercano/a / the nearest, la oficina de turismo / the tourist office, la policia / the police, un cajero automatico / a cash machine, un buzón / a letter box, la gasolinera / the petrol station, el alquiler de coches / the car hire, la consigna / the checkroom, la ventanilla / the ticket office, la facturación / the chek - in?

¿Hay … is there a … cerca / near here (nie hie), un aparcamiento / car park, una visita guiada / tour, un descuento / discount, un enlace / connection, un albergue juvenil / youth hostel, un supermercado muy cerca / supermarket near here?

Hay … there is … un error en la cuenta / a mistake in the bill.

¿Me puede / could you explicar / explain me, decir / tell me, recomendar / recommend me, llevar / bring me, dar / give me, mostrar / show me, prestar / lend me, ayudar / help me, procurar / get me, pedir / order for me, llamar un taxi / call me a taxi ('taeksi)?

…. no funciona / ….   does not work. ¿Puede repararlo / can you repair it? ¿Cuándo esterá listo / when will it be ready? ¿Cuándo puedo recogerlo / when can I pick it up?

¿Puedo / can I usar / use, mirar / see, sacar fotos / is photography allowed, probarlo / try it on, aparcar aquí / park here, caminar hasta allí / walk there, dejar las maletas aquí / leave the luggage ('lagid<u>sch</u>) here, depositar en la caja / leave in the safe, invitarlo/la / you invite, acompañarla a casa / take you home?

¿**Qué** / **what** es eso / is this, en qué trabajas / what is your job, qué hay de nuevo / what's new, qué edad tienes / how old are you?

¿**Quién** / **who** es el guía turístico / is the guide? A quién me puedo dirigir / who should I speak to?

Quiero / **I would like to** bajar / get out (g*e*t aut), llevar / take away, visitar / visit, comprar / buy, pagar / pay, alquilar / hire ('haie), fijar una cita / make an appointment (e'pointment), denunciar un robo / report something stolen ('stoulen).

¿**Tengo que** / **do I have to** reservar / reserve, cambiar de / change, pagar una causión / pay a deposit?

V <u>Verbos irregulares</u>

El pasado y el participio pasado finalizan en **-ght**:

traer	bring (i)	brou**ght** (oo)	brou**ght** (oo)
comprar	buy (ai)	bought (oo)	bought (oo)
coger	catch (ae)	caught (oo)	caught (oo)
enseñar	teach (ii)	taught (oo)	taught (oo)
pensar	think (i)	thought (oo)	thought (oo)

Por favor aprender las palabras subrayadas de <u>significar</u> a <u>zumo</u>.

Vocabulario

abrebotellas bottle opener

abrelatas can oupner 'oupner

abrigo coat kout

abril April 'eiprel

abrir open 'oupen

abuela grand mother

accidente accident 'aeksident

aceite oil

aceptar accept ek'sept

acompañar accompany

adaptador adapter e'daepter

aeropuerto airport 'eepoot

agosto August 'oogest

agotado sold out sould aut

agradable pleasant 'plesnt

agradecer thank thaengk

agua water 'wooter

~ mineral mineral water

~potable drinking water

ahora now nau

aire acondicionado

air conditioning

albaricoque apricot 'eiprikot

albergue juvenil

youth hostel juuth 'hostel

albornoz bathrobe 'baathroub

alcohol alcohol 'aelkehol

sin alcohol

alcohol-free 'aelkehol frii

alemán German 'dschoemen

Alemania Germany

alergia allergy 'aeledschi

algo something 'samthing

algodón

cotton 'kotn

alguno

somebody

algunos

some sam

allá, allí there theer

al menos

at least aet liist

almohada

pillow 'pilou

alquilar

rent rent

alquiler rent rent

alquiler de coches

car hire kaar haie

altavoz

speaker 'spiiker

amable friendly

amar love lav

ambulancia

ambulance

año nuevo

New Year njuu jier

antigüedad

antique aen'tiik

anular cancel

aparcamiento

car park

aparcar park paak

aperitivo aperitif

apretar press pres

apropiado suitable

66

aprovechar utilize
aproximadamente
about e'baut
aquél that Pl those
arena
sand saend
architectura
architecture aaki'tektscher
arroz rice rais
arte art aat
artificial artificial aati'fischel
artista artist 'aatist
asado
roast
roust
asador skewer 'skuer
ascensor lift
así like this
asiento seat siit
atención attention e'tenschen
atravesar cross kros
auténtico real riel
autobús bus bas
autopista motorway
avión plane plein
ayer yesterday jestedei
ayuda help help
ayudar help help
ayuntamiento
townhall 'taunhool
azúcar sugar 'schuger
azul blue bluu

B

bailar dance daans

balcón balcony
bañarse swim
banco bank baengk
baño bath baath
barato cheap
tschiip
barbacoa grill
barca boat
barco ship
barco de vela
sailing boat
barra de labios
lipstick
batería
battery 'baeteri
bebida drink
bicicleta bike baik
billete ticket 'tikit
bolsa bag baes
bolso handbag
boca mouth mauth
botella bottle 'botl
bote de remos
rowboat roubout
bote salvavidas
lifeboat 'laifbout
botón button batn
buscar look for
buzón letter box
leter boks

C

caballo horse hoos
cabeza
head hed

cada each iitsch
caja cash desk
caja de enfermedad
medical insurence company
caja fuerte safe
calcetín sock sok
calefacción heating
calle street striit
calle de sentido único
one-way street
calor heat hiit
cama bed bed
camara de fotos
camera kaemere
camarera
chambermaid 'tscheimbermaid
camarero waiter
cambiar
change tscheindsch
cambio exchange
camisa
shirt schoet
campo de golf
golf course koos
cancelar cancel 'kaensel
canción song
candela candle 'kaendl
cansado tired 'taied
cara face feis
caravana caravan
carne meat miit
carné de conducir
driving licence
'draiving 'laisens

carnicería butcher's
'butschers
carta letter leter
casa house hous
casino TF ke'sinou
caso de emergencia
emergency
castillo castle 'kaasl
catedral cathedral
cementerio cemetery
cena dinner 'diner
cenicero
ashtray 'aeschtrei
central middle 'midl
centro commercial
shopping centre
cerca de nearby '
cercano near 'nier
cerdo pork pook
cerrar close klous
certificado
certificate se'tifikit
cerveza beer bier
chaqueta jacket
chico boy boi
chocolate chokolate
'tschoklit
cielo sky skai
cigarillo cigarette
cine movie 'muuvi
cinturo belt belt
circuito tour tuer
cita appointment
ciudad town taun

coche car kaar
coche cama sleeper 'sliiper
coche de literas
couchette kuuschet
cocina kitchen ,kitschin
cocinar cook kuk
colchón mattress 'maetris
colchoneta
airbed 'eerbed
colega colleague 'koliig
color colour 'kaler
comedor dining room
comer eat iit
comida
lunch lantsch
compra buying
comprar buy bai
compresa
sanitary towel
confirmar confirm
con frecuenzia often
con gas
carbonated ,kaabeneited
conocer know nou
consigna
chekroom 'tschekruum
contemplar look at luk aet
contener contain kentein
contrato contract
controlar control ken'troul
convent monastery
corazón heart haat
cordero lamb laem

correo aéreo air mail
corriente current
cortar cut kat
costa coast koust
costar cost kost
crema cream kriim
crema solar suntan
cream santaen kriim
crudo raw roo
cruze crossroads rouds
cruzero cruise kruus
cuadro painting
cuarto quarter
cubierto cover kaver
cubo bucket 'bakit
cubo de basura
rubbish bin 'rabisch
cuenta bill bil
cuchara spoon spuun
cucharita de té
teaspoon 'tiispuun
cuchillo knife naif
cuerpo body 'bodi
cumpleaños
birthday 'boethdei
curso course koos

D

daño damage
dar give giv
deber to owe ou
decir say sei
decisión decision
dedo finger
dejar let let

69

deletrear spell

demasiado too much

dentifrico toothpaste peist

<u>dentista</u> dentist

dentro de inside 'insaid

denunciar report ri'poot

<u>derecho</u> straigt ahead

<u>desayuno</u> breakfast

describir describe

<u>descuento</u> discount

<u>desear</u> wish wisch

<u>despedirse</u> to say good by

<u>despertar</u> wake weik

<u>desviación</u> diversion

<u>detrás de</u> behind bi'haind

<u>día</u> day dei

<u>día de fiesta</u> holiday

<u>día lavorable</u> working day

<u>diarrea</u> diarrhoea daie'riie

diciembre December

diente tooth tuuth

dieta diet 'daiet

diferente different

<u>dinero</u> money 'mani

<u>dirección</u>

address e'dres

directo direct dai'rekt

discoteca discoteque

<u>distancia</u> distance 'distens

<u>dolor</u> pain pein

domingo Sunday 'sandei

dormir sleep sliip

<u>ducha</u> shower 'schauer

<u>durar</u> last laast

E

edad age eidsch

embajada embassy

embarcadero

mooring 'muering

<u>empezar</u> begin bi'gin

en alguna parte

somewhere

enchufe socket 'sokit

<u>encontrar</u>

meet miit

encuentro meeting

enero January

enfermedad illness

enfermo ill il

enfrente de opposite

en lugar de instead of

<u>ensalada</u> salad 'saeled

ensalada de frutas

fruit salad

en seguida immediately

<u>entender</u> understand

<u>entrada</u>

entrance 'entrens

<u>enviar</u> send send

<u>equipaje</u> baggage

equipo team tiim

<u>error</u> mistake 'teik

escalera stairs (Pl)

escalera mecánica

escalator 'eskeleiter

escalope cutlet 'katlit

escaparate

shop windou

70

escoba broom bruum
escribir write rait
escultor sculptor 'skalpter
escultura sculpture
espalda back baek
esparadrapo plaster plaa
especia spice spais
espejo mirror ,mirer
esperar wait weit
esposo husband
esposa wife
esquí de fondo
cross - country
estación station 'steischen
estar to be
estar en pie stand staend
estar sentado to sit
esta, este, esto
this Pl these thiis
estación del año
season siisn
estación terminal
terminal 'toeminl
estancia stay stei
este east iist
estilo style stail
estómago stomac 'stamek
estrecho narrow 'naerou
estupendo splendid
excursión en bicicleta
bike ride baik raid
explicar explain iks'plein
exposición exhibition
expresión expression

extranjero
foreign countries (Pl)
F
falda
skirt skoet
faltar be missing
familia family 'faemili
farmacia pharmacy
febrero February
fecha date deit
fecha de nacimiento
date of birth
felicitación
congratulations
feliz happy 'haepi
feria fair feer
ferry ferry 'feri
fiesta party
fin end
firma signature
firmar sign sain
flor flower 'flauer
forma form foom
fotografia foto 'foutou
freno brake breik
fresa strawberry
fresco fresco 'freskou
frito roasted 'rousted
frontera border (boo)
fruta fruit fruut
fuego fire 'faier
fuente fountain fauntin
fumador smoker
fumar smoke smouk

71

funcionar work woek
funicular
cable way
keible wei
G
gafas glasses 'glaasis
galería
gallery
galleta biscuit 'biskit
ganar gain gein
gasóleo diesel 'diisel
gasolina petrol 'petrol
gasolinera petrol station
gastar spend spend
gente people 'piipl
goma rubber
gota drop
gramo gram graem
grandes almacenes
department store
grasa fat faet
grifo tap taep
grupo group gruup
guía turístico
guide gaid
guardarropa cloakroom
guarnición side dish
gustar please pliis
H
haber have haev
habitación room ruum
habitación doble
double room
habitante inhabitant

hablar to speak spiik
hacer to do
hacer camping
to camp
hacer una radiografia
to X-ray
hambre hunger
'hanger
hongo fungus 'fanges
hora hour 'auer
horas de apertura
hours of business
'auers of 'bisnis
helado ice-cream
helicóptero
helicopter helikopter
hermana sister 'sister
hermano brother
hielo ice ais
hija daughter
hijo son san
historia history 'histeri
hombre man maen
horario time table
hospital
hospital 'hospitl
hostería inn
hotel hotel hou'tel
hoy today te'dei
hueso bone
huevo
egg
húmedo.
humid

I

ida y vuelta
there and back
igual same seim
igualmente likewise
impermeable
rain coat rein kout
importante important
importe amount e'mount
incluido inclusive
infección infection
información information f
informar inform
in'foom
inicio beginning bi'gining
inscripción enrolment
insecto insect 'insekt
interesar interest 'intrist
intèrprete interpreter
invierno winter 'winter
invitar invite in'vait
ir to go gou
isla
island
'ailend

J

jabón soap soup
jamón ham
haem
jardin garden 'gaadn
jefe de cocina chef schef
jojero jeweller 'dschuueler
juego game geim
jueves Thursday 'thoesdei

jugar play plei
junio June 'dschuun
julio July dschu'lai

K

kilómetro kilometer

L

lago lake leik
lámpara lamp laemp
lancha motora
motorboat mouterbout
lata can kaen
lavabo basin beisn
lavar wash wosch
laxante laxative
leche milk
leer read riid
levantarse getup
libreria bookshop
libro book buk
licor liqueur lik'juer
limón lemon
'lemen
limonada lemonade
limpiar clean kliin
limpio clean
liquidación sale seil
liquido liquid 'likwid
lista list
liste ready 'redi
litro litre
llamar get get
llamarse be called
llave key kii

llegada arrival e'raivel
llegar arrive e'raiv
llenar fill out
lleno full ful
llevar
bring
llover
to rain rein
lluvia rain rein
lugar place
luna moon muun
lunes Monday 'mandei
luz light lait
M
madre mother 'mather
magnifico marvellous
maleta case keis
mañana morning mooning
mano hand haend
manta blanket 'blaengkit
mantequilla butter 'bater
manzana apple 'aepl
mapa map maep
maquinilla de afeitar
razor 'reiser
mar sea sii
marea alta flood flad
marisco sea food 'siifuud
marroquinería
leather goods
marzo March maatsch
más more moor
material material metieriel
mayo May mei

mechero lighter
media sock sok
medianoche
midnight midnait
media pensión
half-board haaf bood
medicamento
medicine
mediodía midday
medir measure
melocotón peach
menos minus 'maines
mensaje message
mercado
market 'maakit
mermelada jam
mes month manth
metro metre
miel honey 'hani
miércoles Wednesday
mínimo minimum
mirada look luk
mitad half haaf
mixto mixed 'mikst
mochila rucksack
moda fashion
molestar disturb
moneda
coin koin
monedero
purse poes
guía de montaña
mountain guide gaid
morder bite bait

mecánico mechanic
mostrar show schou
moto motorbike baik
motor motor 'mouter
mover to move muuv
móvil mobile 'moubail
mujer woman 'wumen
muro wall wool
músculo muscle 'masl
museo museum

N

nacido born boon
nacionalidad nationality
nada nothing 'nathing
nadar swim
naranja orange 'orindsch
nariz nouse nous
navegar a vela sail seil
necesario necessary
necesitar need niid
neumático tyre 'taier
niebla mist
nieve snow snou
niño child tschaild
no not
noche night nait
nombre name neim
norte north nooth
novela novel 'novel
novio sweetheart
noviembre November
nuez walnut 'woolnat
número number 'namber
nunca

nuve cloud kloud

O

objeto thing
octubre Oktober
ocupar occupy okjupai
oficina office 'ofis
oficina de correos
post office
poust 'ofis
ofrecer offer 'ofer
oír hear 'hier
ojo eye ai
olvidar forget fe'get
ópera opera 'opere
operación operation
óptico optician
oro gold gould
otoño autumn 'ootem
otro/a other 'ather

P

paciente patient
padre father
padres parents
pagar pay pei
país country 'kantri
palabra word woed
palacio palace 'paelis
pan bread bred
panadería bakery
panecillo roll roul
pantalón trousers (Pl)
pañuelo hanky
papel paper 'peiper
papel higiénico

75

never 'never
par pair peer
parada stop
parada de autobús
bus stop bas stop
paraguas
umbrella
parapente paragliding
parar stop
parasol sunshade
parque park paak
parquimetro parking meter
parte part paat
pasaporte passport
pasar spend
Pascua Easter 'iister
pastas pasta 'paeste
pastel cake keik
pastelería cake shop
patata potato pe'teitou
patín acuático pedal boat
patinaje sobre hielo
ice - skating 'skeiting
peaje toll toul
peatón pedestrian
pediatra paediatrician
pedir to order 'oorder
peine comb koum
película
film
película en color
colour film
peliculero
fantastic

toilet paper
peligroso dangerous
peluquero hairdresser
pelo hair heer
pensar think
pensión board
perder to lose luus
perdonar to excuse
ils'kjuus
pertenecer
to belong to
pescado fish fisch
pescar to fish fisch
picadura de insecto
insect bite
picante spicy 'spaisi
pie foot fut
piel skin
pila battery 'baeteri
píldora pill
pimienta pepper 'peper
pintar paint peint
pintor painter 'peinter
pintura painting
piscina swimming pool
piso floor
pista de fondo
cross-country ski run
plan plan plaen
planchar iron 'aien
planear to plan plaen
plano de la ciudad
map maep
planta plant plaant

76

plato plate pleit
playa beach biitsch
plaza square skwaer
plomo lead led
sin plomo unleaded
poco little
poder can kaen
policia police peʻliis
pollo chicken
poner put
por ciento per cent
por favor
please pliis
por expreso
express
iksʼpres
portero porter ʻpooter
posible possible ʻposebl
postal postcard poustkaad
postigo shutter schater
postre dessert diʻsoet
precio price prais
preferir prefer priʻfoer
prefijo code koud
pregunta question
preguntar ask aask
presentar present presnt
prestar to lend
primavera spring
primo cousin *ʻkasn*
prisa hurry ʻhari
prismáticos binoculars
privado private ʻpraivit
probar to try

producir produce
profesión profession
profundo deep diip
programa program
prohibir to forbid
pronunciar pronaunce
pronto soon suun
prospecto brochure
próximo next nekst
pueblo village vilidsch
puente bridge bridsch
puerto harbour ʻhaaber
puntual on time
puro pure ʻpjuer

Q
que than thaen
quedarse stay stei
querer want wont
queso cheese tschiis
quizas perhaps

R
ración portion
razón reason ʻriisn
recepsión reception
receta prescription
recibir get *get*
recibo receipt riʻsiit
reclamación
complaint kemʻpleint
reclamar
to complain
recomendar
recommend
redondo round

regalo gift
région region 'rid_schen_
reir to laugh laaf
reloj clock klok
reparición
repair ri'p*e*er
re_parar_ to repair
re_petir to_ repeat ri'piit
reserva reservation
re_servar_ to reserve
respirar to breathe briith
responder to answer
re_staurante_ restaurant
retirar withdraw
re_traso_ delay di'lei
revista magazine
maege'_s_iin
río river 'river
robar to steal stiil
robo theft th*e*ft
ro_daja_ slice slais
rojo red r*e*d
ro_mper_ to brake breik
ropa clothes klouths
rosa rose rou_s_
ro_to_ broken 'brouken
ru_idoso_ loud laud
S
sábado saturday 'saetedei
sábana sheet schiit
sa_ber_ know nou
sacacorchos corkscrew
'kookskruu
sacar photograph

sal salt soolt
salchicha sausage
sa_lida_ departure
di'paatsche
sa_lida de emergencia_
emergency exit
sa_lir_ to leave liiv
sal_món_ salmon
'saemen
sa_lón de baile_
café with dancing
sal_sa_ sauce soos
saludar greet griit
saludo greeting
sal_var_ to save
sal_vavidas_
live belt laiv b*e*lt
sangrar to bleed bliid
sangre blood blad
s*e* one wan
s_ed_ thirst thoest
se_guro_ assurance
se_guro_ certain
se_llo_ stamp staemp
se_mana_ week wiik
sendero path
señor gentleman
señora lady 'leidi
sen_tarse_
to sit down
sen_tir_
to feel fiil
se_parado_ se_perate_
septiembre September

78

ser to be

servicio

service 'soevis

servicio religioso

service

servilleta serviette

servir to serve soev

siglo century 'sentjuri

significar mean miin

silla chair tscheer

sin without

sobre envelope

sol sun san

solo

alone e'loun

sólo only

'ounli

soltero single singl

sombra shadow 'schaedou

sombrero hat haet

sonar to ring

sopa soup suup

sorpresa surprise se'prais

subir to get in get in

sucio dirty 'doeti

suerte luck lak

suficiente enough in'af

sumergir to dive daiv

super mercado

supermarket

sur south sauth

T

talla size sais

taller garage 'gaerasch

también also 'oolsou

tardar need time

tarde evening 'iivning

tarifa charge

tarjeta de crédito

credit card

tarjeta telefónica

phone card foun kaad

tasca pub pab

taza cup kap

teatro theatre 'thieter

tela cloth kloth

teléfono phone foun

telesilla

chair lift 'tscheer

temporada

season 'siisn

temporada alta

high season

temporada baja

off season

tenedor fork fook

tener to hold hould

tener lugar

to take place

tener que to have to

tercio third thoed

terminar end end

termómetro

thermometer

ternera veal viil

tiempo time taim

tienda

shop schop

tijeras scissors (Pl)
timbre bell bel
tío uncle 'angkl
tirar to pull
toalla towel 'tauel
todavia still
todo whole houl
tomar to take teik
tonto stupid 'stuupid
torre tower 'tauer
tortilla omelette 'omlit
trabajar to work woek
traducir to translate
traer to bring
traje suit suut
tranvía tram
traem
tratar to treat triit
tren train trein
trozo piece piis
U
uña nail neil
urgente urgent
usar to use juus
V
vainilla vanilla
ve'nile
vacaciones holidays
válido valid 'vaelid
vaso glass glaas
velocidad speed spiid
vender to sell sel
venir to come kam
venta sale seil

ventanilla ticket office
ventilador ventilator
ver to see sii
verano summer
verdura vegetable
vestido dress dres
vez time taim
viajar to travel traevl
viaje journey
viento wind
vinagre vinegar
vino wine wain
viña vineyard
violencia violence
'vaielens
visa visa
visita sight seeing
visita guiada tour
visitar visit 'visit
vista view vjuu
viudo vidower
vivir to live liv
volar to fly
voltaje voltage
volver return
volver a ver
to see again
voz voice vois
vuelta tour
Y
ya already ool'redi
Z
zumo
juice dschuus

80

Del mismo autor

Aprender alemán en 10 días
Curso rápido con un nuevo método
Editorial:
Books on Demand
Norderstedt, Alemania
ISBN 9783752896138

Francés en 10 días
Curso fácil con un nuevo método
Editorial:
Books on Demand
Nordersedt, Alemania
ISBN 978-3748174882

Como hacerse rico en la bolsa de
valores
Editorial:
Books on Demand
Norderstedt, Alemania
ISBN 9783752879070

Por favor lea el epílogo del autor en la
siguiente página.

Epílogo del autor

He escrito cursos de francés, inglés, italiano, español y alemán que han sido publicados en Francia, Alemania, Gran Bretaña, Italia y España. Los lectores de mis cursos de idiomas viajan a países europeos para aplicar el idioma aprendido. Hablar con los habitantes de un país crea una relación emocional con ese país. Le debemos un período de paz de 70 años a la unificación europea. La idea de la integración europea sólo durará si está anclada en el corazón de los ciudadanos europeos.